# BEI GRIN MACHT SICH IHR WISSEN BEZAHLT

- Wir veröffentlichen Ihre Hausarbeit, Bachelor- und Masterarbeit

- Ihr eigenes eBook und Buch - weltweit in allen wichtigen Shops

- Verdienen Sie an jedem Verkauf

Jetzt bei www.GRIN.com hochladen
und kostenlos publizieren

**Bibliografische Information der Deutschen Nationalbibliothek:**

Die Deutsche Bibliothek verzeichnet diese Publikation in der Deutschen National-
bibliografie; detaillierte bibliografische Daten sind im Internet über http://dnb.d-
nb.de/ abrufbar.

**Impressum:**

Copyright © 2001 GRIN Verlag, Open Publishing GmbH
Druck und Bindung: Books on Demand GmbH, Norderstedt Germany
ISBN: 9783638786584

**Dieses Buch bei GRIN:**

http://www.grin.com/de/e-book/644/mass-customization-kundenindividuelle-mas-
senproduktion-realisierungskonzepte

Juraj Dollinger-Lenharcik

# Mass-Customization: Kundenindividuelle Massenproduktion - Realisierungskonzepte und Beispiele

GRIN Verlag

**GRIN - Your knowledge has value**

Der GRIN Verlag publiziert seit 1998 wissenschaftliche Arbeiten von Studenten, Hochschullehrern und anderen Akademikern als eBook und gedrucktes Buch. Die Verlagswebsite www.grin.com ist die ideale Plattform zur Veröffentlichung von Hausarbeiten, Abschlussarbeiten, wissenschaftlichen Aufsätzen, Dissertationen und Fachbüchern.

**Besuchen Sie uns im Internet:**

http://www.grin.com/

http://www.facebook.com/grincom

http://www.twitter.com/grin_com

**Logistische Informationssysteme**

# Kundenindividuelle Massenproduktion - Realisierungskonzepte und Beispiele

Juraj Lenharcik
juraj.lenharcik@student.fh-nuernberg.de
Georg-Simon-Ohm
Fachhochschule Nürnberg

Revision: 13. November 2001

## Zusammenfassung

In dieser Arbeit geht es um die allgemeinen und praxisbezogenen, Möglichkeiten des Mass-Customization. Es werden die Hauptprinzipien des Mass-Customization erklärt, um dann zu den Implementierungsmöglichkeiten des MC im Unternehmen zu gelangen. Hier werden dann noch die Problemfälle besprochen. Danach widmet sich diese Arbeit allgemeinen und reellen Beispielen aus der Praxis. Zu letzt wird noch eine einfache, selbstentwickelte Softwarelösung angesprochen. Durch die gering gehaltene Seitenanzahl allerdings, ist es selbstverständlich nicht möglich das Thema ausreichend zu betrachten. Allerdings gewährt diese Arbeit einen Einblick in die komplexen Zusammenhänge des Themas. Durch die Beispiele aus der Wirtschaft wird es möglich das Theoretische aus den ersten Kapiteln der Arbeit an Hand von Beispielen aus der Wirtschaft zu transferieren.

# Inhaltsverzeichnis

**1   Was ist Mass-Customization?**                                           **3**

**2   Allgemeine Strategien für Mass-Customization**                          **5**

**3   Probleme beim Mass-Customization**                                      **7**

**4   Wer verwendet Mass-Customization**                                     **10**
   4.1   allgemeine Beispiele . . . . . . . . . . . . . . . . . . . . . . .   10
   4.2   Mass-Customization bei 'Pearl Tee' . . . . . . . . . . . . . .   11
   4.3   Mass-Customization bei Armbanduhren . . . . . . . . . . . .   12
   4.4   Mass-Customization bei Reflect.com . . . . . . . . . . . . .   13
   4.5   Mass-Customization bei 'always in Style' . . . . . . . . . . .   13
   4.6   Mass-Customization bei Nike.com . . . . . . . . . . . . . . .   14

**5   Mass-Customization im Mittelstand**                                    **14**

**6   Anforderungen an MC-Software**                                         **19**

# 1 Was ist Mass-Customization?

Mass Customization ist nun die dritte Welle der Industriefertigungsstrategien. Die erste Welle war in den Siebziger, in denen es vor allem am wichtigsten war, die Ausstossmenge zu erhöhen und immer weiter voran zu treiben. Das Personal wurde bis zum Äußersten aufgestockt. Die Maschinenproduktion wurde modernisiert und optimiert. Es entstanden Unmengen an Produkten, die sich allmählich am gesättigtem Markt nicht mehr absetzen ließen. Diese Produkte mussten gelagert werden. Dazu wurden immense Lagervolumen notwendig.

Aus diesem Grund haben sich einige Industrielle von der reinen Massenproduktion abgewandt und haben eine Marktchance über die Qualität gesucht. Bei dieser Produktionsstrategie war die Quantität der ausgestoßenen Produkten relativ irrelevant. Worauf es hierbei ankam war die Tatsache, dass man die Kunden durch die überdurchschnittlichen Eigenschaften des Produktes überzeugen wollte. Ein großer Propagandist aus dieser Zeit ist Tom Peters, der das Buch 'Auf der Suche nach Spitzenleistungen' schrieb. In diesem Buch hat er vor allem das Qualitätsdenken und den Servicegedanken stark propagiert. Einigen gelang hier der Durchbruch, vielen auch deswegen, weil sie den neu entstandenen Snoop-Effekt ausnutzen.

Die Verschmelzung dieser beiden Produktionsstrategien findet seit ca. 10 Jahren statt. Bei dieser Strategie ist es gedacht, von beiden Strategien die typischen Merkmale zu nehmen und obwohl Sie sich erstmal intuitiv widersprechen, beide zu fusionieren. Was rauskommt, erinnert stark an die 'einlegender Wollmilchsau'. Gefragt sind hohe Produktionsmengen - bei Bedarf, hoher Qualitätsstandard und individuelle Fertigung, welche flexibel und kostengünstig umgesetzt werden kann. Im wesentlichen soll es dem Kunden möglich sein, ein ihm optimal zugeschnittenes Produkt zu bekommen, welches aber in der Preislage und der Qualität den anderen Massenprodukten nicht unterlegen ist. [1] Das heißt, dass es jedem Großunternehmen möglich sein soll Produkte so individuell herzustellen, wie es ein Schneider bei seinen Maßanzügen macht. - Nur 90% billiger. Die Mass-Customization scheint die Strategie der nächsten Jahrzehnte zu sein. Bis 2007 wird sich die individualisierte Ware zu Standardpreisen durchgesetzt haben. [2]

---

[1] Interview mit Dr. Frank T. Piller von Andreas T. Frenko. http://www.autoresponder.de/internet-marketing/interviews/piller.htm
[2] Delphi Studie der Bundesrepublik

Mass Customization lässt sich in vier Hauptbereiche abstrahieren:

- Service Customization - variantenarmes Endprodukt mit kundenspezifischem Service

- Self-Customizing - Individuallisierung des Endproduktes. das über eingebaute Flexibilisierungspotentiale seitens des Kunden verfügt

- Speed Management - kurze Durchlaufzeiten zur Erhöhung des Kundenservice bezüglich Lieferzeit, Lieferfähigkeit und Termintreue

- Modularisierung - kundenindividuelle Kombination von Modulen

Großunternehmen sind hauptsächlich gezwungen die Flexibilisierung und das Verstärken der Kundenorientierung zu optimieren. Bei den mittelständischen Unternehmen ist es am wichtigsten, dass man seine Stärken entdeckt und diese möglichst effizient für die Kundenorientierung einsetzt. MC hat typische Merkmale:

- Durch die **Kommunikation mit jedem einzelnem Kunden** werden dessen genauen Bedürfnisse bezüglich eines Produktes bestimmt. Das kann bedeuten, dass Produkte mit der Losgrösse 1 produziert werden, oder dass eine Massenproduktion stattfindet und der Kunde in der Lage ist sein Produkt zu individualisieren.

- Mass-Customization bedeutet in erster Linie **Differenzierung durch Varietät**. Die Varietät allein, führt allerdings nicht zur Lösung.

- Der erste Schritt bei der Einführung von Mass-Customization führt immer über die **Erhebung der Kundenwünsche** und deren Überführung in eine konkrete Produktspezifikation.

- Der Preis eines Produktes, welches über Mass-Customization gefertigt wurde, entspricht ungefähr dem Preis eines Massenproduktes.

- Mass-Customization **zielt auf einen großen Absatzmarkt** auf dem sich die Kunden durch ihre Wünsche bezüglich einiger Eigenschaften unterscheiden.

- Ein Mass-Customizer nutzt die während der **Interaktion zwischen Abnehmer und Hersteller** gewonnenen Informationen zum **Aufbau einer dauerhaften Kundenbeziehung**.

- **Massenfertigung und Mass-Customization** schließen sich nicht aus. Ein Mass-Customizer kann weiterhin Standartversionen seines Produktes für einen homogenen Markt anbieten und gleichzeitig eine kundenindividuallisierte Version des Produktes anbieten. **Mass-Customization ist allerdings keine Variantenfertigung!** Der Kunde hat keine Auswahl zu bekommen, sondern das Produkt, welches er will.

# 2 Allgemeine Strategien für Mass-Customization

Um Mass-Customization in seinem Unternehmen effektiv und sinnvoll einzuführen, muss man also über die Bedürfnisse seiner Kunden bestens informiert sein. Diese Informationen lassen sich über die eigene Webseite beziehen. Hier kann man die Chance nutzen, die einem eine gute Web-Strategie bietet. Wenn man diese Informationen bezogen, analysiert und interpretiert hat, erst dann kann man sich daran machen seine Geschäftsprozesse zu analysieren. Die Geschäftsprozesse sollten möglichst in einem hohen elektronischem Grad vorhanden sein. D.h. Datenbestände sollte selbstverständlich als Datenbestände einer Datenbank vorhanden sein. Zudem sollte der elektronische Emailverkehr in dem Unternehmen ebenfalls zur Selbstverständlichkeit gehören. Denn nichts ist peinlicher wie ein Unternehmen welches neueste Informationstechnologie einsetzt, aber die Mitarbeiter vollkommen überfordert sind (siehe eGovernment).

Zudem sollte ebenfalls ein Teil der Mitarbeiter für die Aktualisierung und Weiterentwicklung des Onlineauftritts zuständig sein. Die Webseite wird am Anfang bei der Umstellung einen erhöhten Investitionsaufwand an Marketingkosten tragen müssen. Dies wird notwendig, damit man diese doch noch neue und auch interessante Verkaufsmethode bekannt zu machen. Für diesen Zeitpunkt sind Mitarbeiter von Nöten, die sich im Webbereich auskennen und Erfahrung, wie auch Gespür mitbringen. Man muss wissen, wie man am Geschicktesten seine Werbung über Newsgroups, Banner, Partnersites etc. platziert. Wenn man hier nicht über die nötige Erfahrung verfügt, kann es sehr oft zu Leerinvestitionen kommen. Deswegen sollte man schon eine Weile vor der Umstellung diesen Zustand erreichen, da die Opportunitätskosten überproportional steigen könnten.

Nachdem das Personal auf die Umstellung eingestellt ist, wird es notwendig sich seine Produktpalette anzusehen. Gefragt sind bei Mass-Customization Produkte, die eine Komponentenbauweise ermöglichen. Dies ist nicht mit Variationen zu verwechseln! Es muss möglich sein, die Basis der Produkte in einer hohen Anzahl zu Produzieren. Nachdem elektronisch die genaue Spezifikation des Produktes von dem Kunden eingegangen ist, muss man nur noch kleinere Änderungen treffen, damit das gewünschte Produkt erreicht wird. Deshalb wird man das Produkt erst möglichst spät im Produktionsprozess genauer definieren. Ein Produzieren von vielen möglichen Variationen auf Lager, oder ein Produzieren in Losgrösse eins auf Bestellung ist kein Mass-Customization und wird auch die Optimalität dieser Strategie erreichen.

Interessant wäre hier auch ein Aspekt, das Mass-Customization im Softwarebereich bewusst einzuführen. Es muss als erstes ein Basissystemn vorhanden sein. Dieses sollte modular aufgebaut sein, damit es möglich ist diese Module in verschiedenen sinnvollen Permutationen als unterschiedlich Applikationen zu verkaufen. Empfehlenswert wäre hier eine objektorientierte Sprache. Diese findet man bei Java. Hier gibt es auch schon die ersten Ansätze dieses mit Spezifikationen (EJB) einzuführen. Durch EJB ist es festgelegt, welche Schnittstelle dieses Bean/Modul verwendet und diese Schnittstelle ist durch die strenge Spezifikation allgemein bekannt. Darüber hinaus ist ein Releasemanagement- bzw. Versionskontrollsystem notwendig. Hier gibt es einige Produkte, allerdings sind die wenigsten wirklich nützlich. Meistens bleibt es an den Entwicklern, diesen Prozess sinnvoll zu definieren und dann vor allem zu implementieren. Dieses Komponentendenken ist nicht neu, allerdings haben es die wenigsten Firmen geschafft umzusetzen. Ein Grund ist sicherlich der enorme Aufwand vor allem in der Anfangszeit die entsprechenden Module zu entwickeln. Dies liegt daran, dass man hierbei sehr abstrakt, objektorientiert und vorausschauend planen und entwickeln muss.

Nachdem man es geschafft hat seinen Produktionsprozess und seine Produkte modular und flexibel zu handhaben, sollte man sich Gedanken über den Vertrieb machen. Hier bieten sich Möglichkeiten, wie das Produktzusammenbauen auf Messen, was einen interessanten Effekt an seinem Stand erzeugen würde. Alle anderen Kanäle, die man vor 10 Jahren noch verwendet hat, sind nicht geeignet für den Vertrieb von MC Produkten. Fernsehen könnte man hier noch als die beste Möglichkeit ansehen. Allerdings wird die geforderte Interaktion beim MC zwischen dem Kunden und dem Unternehmen nur durch die Digitalisierung des Fernsehnetzes möglich, was in der BRD erst in den heutigen Tagen anläuft. Wenn man allerdings eine sinnvolle und multikanalfähige Applikation im Einsatz hat, wird das digitale Fernsehen ein interessanter Faktor für das MC. Das Radio bzw. Printmedien erweisen sich als unnützlich. Erst das neueste Medium, das Internet kann das volle Potential des MC ausschöpfen. Im Internet kann man Interagieren, Visualisieren und dynamisch aufbauen. Hier braucht man eine Applikation, die leicht zu bedienen ist. D.h. dass es dem Kunden relativ leicht fällt sich mit der Handhabung zurecht zu finden und schnell zum gewünschtem Ergebnis zu kommen. Die Applikation muss hierbei allerdings möglichst clientunabhängig und klein sein. Man kann nicht wissen, welche Art der Konfiguration der Anwender auf seinem System hat und aus dem Grund sollte möglichst viel auf der Serverseite von statten gehen. Klein sollte die Applikation sein, aus dem Grund, weil es immer noch sehr viele Anwender gibt, die eine langsame Internetverbindung haben. Größere Applikationen, die man auf seinem System installieren kann, machen nur dann Sinn, wenn es sich um Kunden handelt, die in einer höheren Frequenz den Dienst nutzen. Möglich wäre es beim B2B Handel. Von der anderen Seite her, muss es auch leicht möglich sein, das System gewünscht anzupassen, wie neue Produkte einzupflegen, oder Daten zu ändern. Ansonsten verursacht die Pflege viel zu hohe Kosten. Hier ist eine höhere Anfangsinvestition sinnvoll, die das Entwickeln von Administrationssoftware ermöglicht. Durch die Symbiose von der Verkaufssoftware, dem Datenbanksystem der Firma, der erfahrenen Belegschaft, der modularen Produktion und dem Kennen der Kunden, wird es möglich das MC sinnvoll zu betreiben.

## 3   Probleme beim Mass-Customization

Eines der größten Probleme beim Einführen des Mass-Customization sind die hohen Investitionkosten, die den Unternehmer erwarten. Diese setzten sich aus den unterschiedlichen Bereichen zusammen. Es muss zuerst gelingen, die notwendigen Elemente einzuführen, damit an MC zu denken ist. D.h. es muss die untere Ebene zuerst verwirklicht werden. Dazu zählen Bereiche wie Kundeninformationen, Mitarbeiter Know How, modulare Produktpalette und die eingeführte IT. Worum es in diesen Bereichen genau geht, wurde im Kapitel vorher beschrieben. Hier werden nun die auftretenden Fragestellungen und die Probleme erörtert.

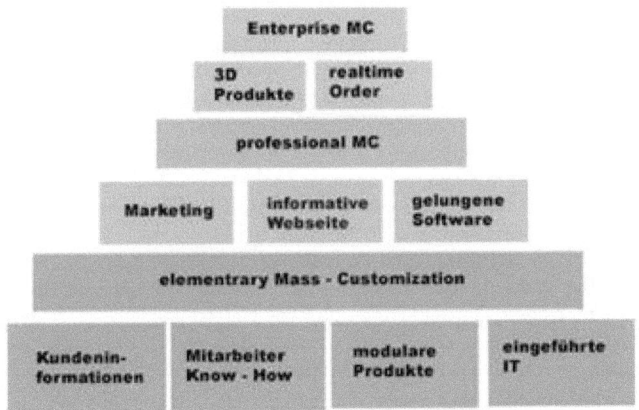

Abbildung 1: 'Abstraktion des Mass-Customization'

Im Fall der Kundeninformationen ist zu fragen, wie man am Besten an diese kommt. Welche Komponenten soll man seinen Kunden zur Verfügung stellen? Ist eigentlich der Bedarf an diesem Produkt in einer individuellen Ausführung vorhanden? Was ist der Kunde an Mehrpreis bereit zu zahlen? Dies sind Fragen, die auf jeden Fall geklärt werden sollten. Um an die Informationen zu kommen, kann man ein Marktforschungsunternehmen konsultieren, oder selbst versuchen an diese Informationen zu kommen. Die Möglichkeiten selbst an die Kundeninformationen zu kommen bestehen im Bereich von Messen, Umfragebögen, oder der eigenen Webseite. Man kann diese Umfragen mit Gewinnspielen, oder kostenlosen Beigaben fördern (Internet).
Beim Mitarbeiter Know How gibt es Möglichkeiten, wie das Abwerben von erfahrenen und qualifizierten Mitarbeitern, oder das interne/externe Ausbilden von den eigenen Mitarbeitern. Wenn diese Möglichkeiten nicht in Frage kommen, oder Wirkung zeigen, besteht noch die Möglichkeit einen Coach bzw. einen Consultant mit einzubinden, der den Prozess regelmäßig begutachtet und bei fehlerhafter Entwicklung interagiert. An diesem Bereich sollte auf keinen Fall gespart werden.
Es wurde bereits erwähnt, dass die Produktpalette modular aufgebaut sein sollte. Wenn sich hier Komplikationen ergeben sollten, wie z.B. dass es nicht der Fall ist, ist abwiegen, ob es sich wirklich lohnt MC einzuführen und den damit ver-

bundenen Umgestalltungsprozess des Produktes und der Produktfertigung. Wenn
diese Investitionen gescheut werden, sollte man in Zukunft darauf bedacht sein,
Produkte einzuführen, die diesen Ansprüchen genügen.

Selbstverständlich sollte die Email Kommunikation und Datenbanken nichts besonderes in dem Unternehmen darstellen. Informationen sollten auf jeden Fall
elektronisch abgespeichert sein, damit es leicht möglich ist, diese als Grundlage
für eine aufsetzendes System zu nehmen. Wenn dies nicht gegeben ist, wird man
bei der späteren Implementierung nicht darum herum kommen.

Wenn diese vier Bereiche vorhanden bzw. Implementiert sind, ist es möglich an
das Einführen von Mass-Customization in dem Unternehmen zu denken. Wenn
diese Elemente nicht vorhanden sind, bilden diese die höchsten Kosten.

In der nächst höheren Ebene sind Bereiche angesiedelt, wie das Marketing, eine informative Webseite und eine gelungene Softwarelösung für den Einsatz auf
der Webseite. Es muss die marketingtechnische Unterstützung gesichert sein. Die
Allgemeinheit muss darüber informiert werden, dass es jetzt die Möglichkeit hat
ein Produkt, welches es bis zu dem Zeitpunkt nur als Massenprodukt gab, nun
auch individuell Produzieren zu lassen. Gerade jetzt ist es was besonderes, wenn
ein Unternehmen seinen Kunden diese Möglichkeit bietet. Es ist damit zu rechnen,
dass dieses Unternehmen durchaus mit dem Wort MC genannt wird, auf Messen
oder in Berichten. Diese Publicity sollte man auf jeden Fall mitnehmen. Damit
das Marketing erfolgreich arbeiten kann, sollte es über entsprechende Budgets
verfügen und es sollten erfahrene Mitarbeiter damit beauftragt werden. Andern-
falls kommt es nur zu einem sinnlosen Cash Burn.

Wenn das Unternehmen keine professionelle und ergonomisch sinnvolle Webseite
verfügt, wird sich der Einführungsprozess deutlich verzögern. Der Grund ist, dass
eine entsprechende Infrastruktur erst erstellt werden muss und diese sich auch
etablieren muss. D.h. zumindest die Stammkunden sollten wissen, dass die Firma eine Webseite hat und sie sollte auch in der Lage sein entsprechende (Produkt)Informationen dort zu finden.

Als letzter Punkt in dieser Ebene ist eine gelungene Softwarelösung, die das MC
auf der Webseite ermöglicht zu nennen. Diese Lösung sollte nicht zu Komplex in
der Bedienung sein. Sie sollte auch nicht zu gross sein, dass man mehrere Mega-
byte herunterladen muss. Es sollte auch nicht speziell sein, dass die Software nur
unter bestimmten Voraussetzungen läuft. Die Schnittstelle zwischen der Software
und der internen Produktion sollte ebenfalls möglichst reibungslos funktionieren.

Die letzte Ebene in der Anforderungspyramide sind allerdings Punkte die die Ef-
fektivität des MC fördern. Hier ist besonders zu nennen die fortgeschrittene Visualisierung von Produkten in 3D, oder die sehr enge Kopplung vom Webportal,
der IT Firmenlogistik und der Produktion. Diese Punkte sind allerdings für Unternehmen relevant, die schon eine längere Zeit mit MC gute Erfahrungen gemacht

haben. Hier ist ein weiterer Kapitalschub von Nöten, damit die Umstellung der
Visualisierung der Produkte von 2D auf 3D ermöglicht. Heute wird es schon im
Bereich der Kleidugsindustrie gemacht, allerdings haben die heutigen Lösungen
meist noch einen amateurhaften Touch. Bei der Top-Down Vernetzung des Unternehmen sollte die Sicherheit eine große Rolle spielen, da es leichter möglich
ist, den Ablauf des Unternehmens empfindlich zu stören durch Attacken aus dem
Internet.

Andere allgemeine Probleme ergeben sich bei:

- Man hat Schwierigkeiten Mass-Customization richtig zu abstrahieren - Man
  tut sich schwer bei der Neudefinition, wenn man Jahrzehnte nur Mass-
  Production betrieben hat.

- Viele vorhandene ERP Systeme sind für Mass-Production optimiert und
  nicht für Mass-Customization

- Probleme beim Optimieren und Umgestalten von Unternehmensprozessen.
  Man ist es eher gewohnt nur Abteilungsprozesse umzugestalten.

# 4   Wer verwendet Mass-Customization

## 4.1   allgemeine Beispiele

Mass-Customization findet man in allen möglichen Produktbereichen. Heute wird
es noch als eine Besonderheit betrachtet, wenn man individuelle Geschenke, wie
etwa zu Weihnachten verschenkt. So gibt es z.B. Möglichkeiten wie:

- persönliche Schokoladentafeln - Bei CyberChocky kann man sich persönlich
  gestaltete Schokoladentafeln produzieren lassen.

- persönlich zusammengestellte CD - diese Möglichkeit bietet CDuctive an.

- Frank Zander - singt persönliche Geburtstagsgrüsse

- personalisierte Bücher - Oldenburg Verlag bietet die Möglichkeit die Namen
  der Hauptdarsteller bekannter Werke zu ändern. Das Buch wird dann neu
  formatiert und einmalig gedruckt.

- individuelle Ski - myski bietet die Möglichkeit den Ski individuell gestalten
  zu lassen.

- angepasste Vitaminpillen - bietet Acumin. Hier kann man sich Vitamin-
  präperate individuell zusammenstellen lassen.

- einzigartige Barbie - diese Möglichkeit bietet Mattel. Hier kann man sich die eigene Barbiepuppe zusammenstellen.

- individuelle Brille - Der japanische Optikkonzern Paris Miki hat ein ausgezeichnetes Designwerkzeug geschaffen, mit dem seine Kunden eine individuelle Brille kreieren können.

Ansonsten bemerkt man, dass vor allem die Textilhersteller im Bereich des MC sich sehr agil zeigen. So bieten mehrere Hersteller die Möglichkeit an, sich Hemden oder sonstige Kleidung individuell zusammenstellen zu lassen. Dazu gehören z.B. als bekannte Vertreter Nike und Levi Strauss. Eine weitere Branche, die ebenfalls sehr stark vertreten ist, sind die PC Hersteller und Automobilhersteller. Beide haben eine ausgesprochen hochentwickelte Logistik und Produktion. Diese Tatsache ermöglicht es, dass jeder Mensch sich sein Auto bzw. seinen PC nach seinen persönlichen Ansprüchen und Bedürfnissen zusammenstellen kann. Dies bietet Kunden, die Möglichkeit in Bereichen zu sparen, die sie als weniger wichtig ansehen und dagegen in anderen Bereichen qualitativ höherwertige Komponenten einzusetzen.

## 4.2  Mass-Customization bei 'Pearl Tee'

Ein Trend aus Asien erobert gerade die USA (und wird dann in ein, zwei Jahren bestimmt auch in Europa ankommen): Pearl-Tee. Originär aus Taiwan kommend hat sich dieses Getränk in den letzten Jahren in Hong Kong, Singapore und anderen asiatischen Großstädten ganz oben auf die Beliebtheitsskala gesetzt. Man nehme kalten oder warmen Tee verschiedenster Sorten, mit oder ohne Milch, und addiere Gelee-Perlen, mixe das ganze in einem speziellen Gerät und fertig ist ein innovativer Drink. Dies hört sich nun einfacher an als es ist, denn als Kunde hat man die Qual der Wahl, um aus einer riesigen Auswahl an Teesorten (auf Schwarz-, Grün- oder Fruchtteebasis) oder Eisgetränken, Wärmegraden, Milch, Art und Größe der Perlen seinen individuellen Drink zusammenzustellen. Ein amerikanischer Kaffee- Shop ist da gar nichts dagegen.[1] Das Konfigurationssystem ist entweder eine Speisekarte zum Selbstankreuzen (es gibt weit mehr als 50.000 Teekombinationen) oder aber in größeren Shops ein Tea-Co- Ordinator, der den Kunden bei ihrer Auswahl und persönlichen Geschmacksfindung beiträgt. In Hong Kong haben die Menschen nicht nur eine Lieblingsmischung, sondern oft sogar das Lieblingsteehaus, da dort der Tea-Maker ein ganz besonderes Geheimrezept für genau den richtigen Gelee-Grad der Perlen hat. Die Perlen werden nämlich bei den führenden Anbietern nicht industriell vorgefertigt, sondern im

---

[1]Newsletter 01-04 www.mass-customization.de

Laden selbst hergestellt. Die Kundenbindung ist enorm, viele Konsumenten fahren durch die ganze Stadt, nur um für ca. 8 DM einen Becher ihres Lieblingstees zu bekommen. Inzwischen wurden die ersten Teehäuser auch in den USA eröffnet.

Auch in Japan löst der Tee wieder den Kaffee ab. Die japanische Kaffee-Welle hat diesen Sommer wohl ihren Höhepunkt erreicht, und die trendigen Jugendlichen in Tokyo trinken nun lieber Grüntee, natürlich aber nicht im Stil des archaisch-steif-bitteren traditionellen Teezeremonie, sondern lieber in einem modernen Tea-Shop, der den Tee in großer Auswahl und vor allem auch mit vielen Zusatzstoffen wie Früchten, als Shake und vor allem auch mit Pearls anbietet. Es ist sehr beeindruckend, wie ein traditionelles Getränk sich zu einem Lifestyleartikel wandeln kann. werden kann. Es ist ein gutes Beispiel für eine Individualisierung am Point of Sale auf Basis eines modularen Systems. Der Kunde wird hier selbst zum Food-Designer. Anstatt wie im klassischen standardisierten Fast-Food- Bereich eine hochbezahlte Produktentwicklung und Marktforschung neue Getränke kreieren zu lassen, übernimmt hier der Konsument diese Rolle und stellt sich aus relativ einfachen Zutaten sein ganz individuelles Getränk zusammen – und zahlt dafür noch einen Premiumpreis.

## 4.3 Mass-Customization bei Armbanduhren

Der Uhrenhersteller Swatch wird oft irrtümlicher Weise als Prototyp der kundenindividuellen Produktion genannt. Dabei ist es aber mehr Variantenfertigung, was Swatch macht. Für den Absatzmarkt werden so viele Variationen erstellt, dass möglichst jeder Kundentyp seinen Favoriten auswählen kann.

Es gibt eine Firma Namens IDTown aus Hong Kong, welche sich auf Mass-Customization spezialisiert hat. Man hat die Auswahl aus über 100 Milliarden Uhren, welche modular aufgebaut sind. Wenn man hier die richtige Uhr nicht findet, kann man sich selbst eine zusammenstellen lassen und so z.B. das Gesicht des Chefs als Ziffernblatthintergrund verwenden. IDTown hat es nicht nur geschafft das MC richtig in sein Geschäftsmodell aufzunehmen, sondern man hat es sogar geschafft die Produktionskosten so niedrig zu halten, dass man die Uhren zu einem Stückpreis von 60-120 DM verkaufen kann.
IDTown hat sich in zwei Punkten spezialisiert. Der erste Punkt ist das geschickt modularisierte Produkt - Armbanduhr. Hier hat der Kunde bei jedem Teil immer gleich mehrere Alternativen. Der zweite Punkt ist die praktisch umgesetzte Webseite. Hier hat der Kunde Zugriff auf die gerade im Lager vorhandenen Einzelteile, welche er sich zu seiner individuellen Uhr zusammenbauen kann. Ein webgestütz-

ter Konfigurator hilft den Kunden bei der Bewältigung der riesigen Auswahl. [2]

## 4.4  Mass-Customization bei Reflect.com

Reflect.com heißt die von Protector & Gamble gegründete Internetfirma, die frischen Wind in die Kosmetikbranche bringen soll. Ziel der Webseite ist es, Frauen ein völlig neues Einkaufserlebnis zu vermitteln, eine Art Schönheits und Kosmetikberatung online. Dazu müssen die Interessentinen, aber erst einen Fragebogen ausfüllen, wobei allerdings neue Technologien, wie Spracheingabe, zum Einsatz kommen. Daraufhin aufbauend wird für jede Kundin ein individuelles Portal erstellt, welches ihre personalisierte Haar- und Hautpflegeprodukte enthält. Neben der inhaltlichen Zusammensetzung kann die Kundin auch Duft, Farbe und Verpackung personalisieren. Das Portal baut hier vor allem auf die neu entstandene Kundenbindung auf. Den die einmal eingegebenen Informationen werden bei dem nächstem Einkauf mit verwendet und die Kundin bekommt nur für sie interessante, gefilterte Informationen bzw. Produkt zu sehen. Um die logistischen Schwierigkeiten zu bewältigen wurde der Logistik Leiter von amazon.com verpflichtet.

## 4.5  Mass-Customization bei 'always in Style'

Doris Pooser veröffentlichte 1985 ihr Buch 'Always in Style'. In diesem Buch ging es hauptsächlich um Stilberatung für Frauen (Welches Kleid passt zu meiner aktuellen Haarfarbe?). Dieses und zwei weitere Bücher wurden ein voller Erfolg. Diese Bücher wurden in mehr als 10 Sprachen übersetzt und wurden weltweit verkauft. Allerdings haben diese Bücher einen entscheidenden Nachteil. Diese Bücher sind ein reines Massenprodukt, welche maximal eine Art Self Customization erlauben. Aus diesem Grund hat Pooser einen Algorithmus entwickelt, der auf Basis eines Fragebogens, ein individuelles Stil-Profil entwerfen kann. Dieses Verfahren hatte allerdings auch einen entscheidenden Nachteil. Es war eine einmalige Angelegenheit. Einmal den Fragebogen ausgefüllt, einmal die Gebühr bezahlt und man bekam einmal die Auswertung. Eine Art von Feedback, oder eine weitere Anpassung waren nicht mehr möglich.

Nun steht der Test auch im Internet. Hier werden die Schwachpunkte des Verfahrens amortisiert. Hier ist ein hoher Level an Interaktion erreicht. Es ist möglich ein Feedback abzugeben und das Ausfüllen fällt den Kunden ebenfalls leichter. Zudem ist diese Dienstleistung heute im Internet kostenlos. Hier bekommt der Kunde Produktempfehlungen im Bereich Mode, Schmuck, Kosmetik, Einrichtung, usw. Hier ist es allerdings sehr wichtig, dass die Firma seriös mit den Kundendaten

---

[2]http://www.idtown.com

umgeht, da diese Informationen eine enorme Macht darstellen und leicht zu verwenden wären um gezielt gegen den Kunden vorzugehen.

## 4.6 Mass-Customization bei Nike.com

Als einer der größten Schuhhersteller darf Nike.com bei der kundenindividuellen Massefertigung nicht fehlen. Nike.com hat eine interessante Implementierung eines MC-Tools auf ihrer Webseite eingebaut. Man merkt recht schnell, dass man sich im Unternehmen entweder nicht ganz sicher ist, was MC bringen kann, oder man ist von den Workflows noch nicht soweit MC wirklich stark einzusetzen. Der Grund liegt darin, dass es heute nur drei Grundschuhvariationen zur Auswahl gibt. In dem Tool wählt der Kunde zuerst das Basisschuhsystem aus. Hier hat er, wie oben erwähnt, drei Möglichkeiten. An jedem dieser Schuhe hat der Kunde die Möglichkeit individuelle Farbkombinationen auszuwählen, was sehr viel Spaß macht, wenn man die unmöglichsten Kombinationen macht. Die Farbbereiche kann der Kunde aus allen vier Seiten des Schuhs individuell konfigurieren. Danach kann der Kunde noch eine persönliche Signatur in seinen Schuh einsticken lassen. Ein schöner Nebeneffekt ist hier die schöne Ansicht des Schuhs. Dem Kunden ist es möglich sich den Schuh aus allen Blickwinkeln anzusehen, wie sich seine Konfigurationsmöglichkeiten auswirken. Allerdings ist man hier eigentlich auch schon am Ende der Konfigurationsmöglichkeiten angelangt. Schön wäre für die Zukunft vielleicht ein, zwei weitere Möglichkeiten dem Kunden zur Verfügung zu stellen.

## 5 Mass-Customization im Mittelstand

Als anschauliches Beispiel habe ich die Firma 1000Stühle [1] genommen. Die Firma wurde 1989 vom Gernot Steifensand gegründet. Die Herstellung der Bürodrehstühle hat Tradition in der Familie. Schon der Vater F. Martin Steifensand war in diesem Bereich tätig [2]. Durch den bekannten Namen in dieser Branche war es möglich die Mitarbeiterzahl von 1 auf 25 zu steigern. Der Jahresumsatz liegt heute bei rund 5 Millionen DM [3]. Die Mitarbeiter verteilen sich auf die einzelnen Bereiche wie folgt:

- 33% Produktion

- 33% Einkauf/Verkauf Buchhaltung

---

[1] http://www.100stuehle.de
[2] Meine Erfolgsgeschichte F. Martin Steifensand
[3] Jahr 2000

- 33% Rest z.B. Marketing

Die Produkte werden per Direktvertrieb vertrieben. D.h. Wesentliche Vertriebsmöglichkeiten sind Messen, Telefonanfragen, menschlicher Direktvertrieb, Mailing und das Internet. Dies hat den entscheidenden Effekt, dass man die Zwischenhändlerkosten umgehen kann. Hauptgeschäftsfelder sind Bürodrehstühle und das Nebengeschäftsfeld sind Stühle allgemeiner Art. Die Zielgruppe der Firma stellt sich wie folgt dar:

- 30% Industrie

- 30% Behörden

- 30% Freiberufler

- 10% Privatleute

Der größte Konkurrent produziert ca. 90% mehr Stühle am Tag als die Firma 1000Stühle. Die Anzahl der Variationen von Bürodrehstühlen kann man auf ca. 60000 Stück benennen. Hier ist der eigentliche, interessante Aspekt für diese Arbeit. Einen Bürodrehstuhl kann man in Komponentenbauweise bauen. Die einzelnen Komponenten wären:

- Rollen oder Gleiter

- Fusskreuz

- Gasfeder

- Sitzträger

- Unterbauschale

- Sitz

- Sitzpolster

- Rückenlehnenanbindung

- Polster

- Schale

- Aussenschale

- Armlehnen

- Antistatik

- Stoffe

Wie man merkt wäre hier der normale Bürger vollkommen überfordert bei der Zusammensetzung, dazu später mehr. Die Fertigung ist hier hauptsächlich auf Kundenwunsch ausgerichtet. D.h. der Kunde gibt telefonisch seine Wünsche durch und nebenbei wird eine Checkliste abgearbeitet, dass kein Punkt vergessen wird.
Kurz zu den technologischen Gesichtspunkten der Firma. Die Firma ist vernetzt. Der Wareneingang läuft zwar noch durch manuelle Eingabe ab, die Grundlagen sind aber geschaffen um eine Scanninglösung zu installieren. Die Produktion läuft über das Laufzettelverfahren ab, d.h. nach jedem Produktionsschritt wird eingegeben, welche Bestellung gerade gemacht wurde.

Soweit zu der Istsituation. Um eine geeignete Möglichkeit zu finden die das Mass-Customization ermöglicht muss man auf jeden Fall einige Kompromisse eingehen. Man stellt schnell fest, dass es keine Schablone geben kann, die man über das Unternehmen legt um die Workflows darauf auszurichten. Gefragt ist hier eher eine individuell erstellte Lösung.

Der Wareneingang und das Lager müssten elektronisch zugreifbar sein. So wird es möglich im Produktkonfigurator im Internet nur die Komponenten anzubieten, die wirklich vorrätig sind. Die Produktion müsste dann ebenfalls im Idealfall mit an das System, damit es möglich ist den Auftrag durch den Auftragseingang direkt in die Produktion durchzuschleusen. Ein Medienbruch, oder eine manuelle Lösung wäre hier äußerst hinderlich. Der Konfigurator im Internet müsste aus drei Hauptschritten bestehen. Im ersten Schritt müssen die Bedürfnisse des Kunden erfasst werden. Diese können hier sein z.B. dass der Stuhl auf Parkett steht, oder dass die Person, die auf dem Sitz sitzen wird, über 100 Kg wiegt. Das wäre die Selektionsphase. Hier muss allerdings auch eine gewisse Granualität her, damit ein unerfahrener Anwender auf einfache Weise die Angaben abgeben kann, allerdings ein erfahrener Anwender die Angaben auch mit einbringen kann, wie z.B. er möchte nur Sitze für Hohlkreuz.
Die nächste Phase wäre die Konfigurationsphase, die es ermöglicht das Produkt individuell zu konfigurieren. Hier wäre im Idealfall auch eine Lösung nötig, die das Produkt zu 100% spezifiziert nötig. Dies könnte man ebenfalls in zwei Phasen unterteilen. Die erste Phase der Konfigurationsphase wäre das grobe Erstellen des Produktes. D.h. Hier könnte der Anwender die Hauptkomponenten wie Sitz, Lehne, Fußkreuz, usw. konfigurieren. Anhand der Angaben aus der Selektionsphase ist es möglich dem Anwender redundante Entscheidungen abzunehmen. Wenn der

Anwender angegeben hat, dass er über 100 Kg wiegt, bietet man diesem nur Komponenten an, die für sein Gewicht auch tatsächlich geeignet sind. So muss er nicht erst aus Beschreibungen diese Informationen entnehmen. Der zweite Aspekt ist, dass man dem Anwender nur Komponenten anbieten könnte, die auch tatsächlich auf Lager sind. Das Problem liegt hier z.B. bei den Rollen. Rollen sind Massenprodukte in einer Farbe. Man bestellt die Rollen in mehreren Farben auf Lager. So kann man das Problem umgehen, dass man auf die kostspielige Lagerhaltung setzen muss. Man bestellt also drei, vier verschieden farbige Rollen und wenn eine Farbe ausgeht, taucht sie auch im Konfigurator nicht mehr auf. Der zweite Schritt des Konfigurationsprozesses wäre die Detaillierung des Produktes. Hier könnte der Anwender Angaben machen, wie ob er Antistatik möchte, oder nicht, oder aus welcher Unterschale sich sein Sitz zusammenstellen sollte. Jeder Punkt sollte dem Anwender allerdings auf Abruf eine Erklärung geben, dass der Kunde auch den Zusammenhang der Fragen versteht.

Der letzte Schritt wäre der eigentliche Bestellvorgang. Hier würde man dem Anwender die einzelnen Komponenten nochmal aufzählen mit Abbildung und Preisen. Durch das Bestätigen würde der Kunde die Bestellung abschicken, wobei er eine Bestätigung bekommt und der Auftrag in der Firma ebenfalls in die Datenbank geschrieben wird.

Probleme die sich aus diesem Prozess für die Firma ergeben sind dass mangelnde Vertrauen in die Internettechnologie, was dem Anschein nach immer noch ein wichtiges Argument gegen so eine Entscheidung ist. Der zweite Punkt liegt bei dem Geschäftsprozess der Auftragsbestätigung, den man hier allerdings modifizieren müsste und abstrakt gestalten sollte, dass dieser auf den Internetprozess ebenfalls anwendbar ist.

# 6  Anforderungen an MC-Software

In diesem Kapitel möchte ich mich den Anforderungen an eine Software widmen, die es möglich macht Mass-Customization über das Internet zu ermöglichen. Hier möchte ich den Schwerpunkt auf Lösungen legen, die relativ klein und vor allem für den Mittelstand konzipiert sind. Der Grund liegt darin, wenn man Mass-Customization ernsthaft betreiben will, so muss man seine Geschäftsprozesse häufig umgestalten und das Internet mit den eigenen Systemen vernetzen. D.h. bei der Konfiguration wären komplizierte Algorithmen nötig, die z.B. die vorhandene Lagermenge, oder die Auslastungskapazität der Maschinen überprüfen. Diese Faktoren müssten bei einer enterprise Lösung mit bedacht werden.

Eine geschickte Softwarelösung sollte mehrere Eigenschaften mit sich bringen:

- portabel in der Technologie - Systemunabhängig

- leicht und intuitiv handbar

- klein - Ladezeit minimiert

- sinnvoll visualisierend

- unterhaltsam - aber nicht lästig

- modular und leicht erweiterbar

- leicht administrierbar

- kostengünstig

- sicherheitsbewusst

- zur Cooperate Identity passend in der Gestaltung
  In der Praxis ist eine Spaltung in zwei Lager sichtbar. Das erste Lager entwickelt Lösungen in Macromedia Flash bzw. Shockwave, welche vor allem unterhaltsam und graphisch ansprechend gestaltet sind. Diese Lösungen sind auch von der Größe anderen Lösungen nicht unterlegen. Sie sind sicherlich auch leicht erweiterbar, wenn hier sinnvoll gearbeitet wurde. Allerdings haben diese Lösungen einen entscheidenden Nachteil und das ist die mangelnde Möglichkeit auf die Unternehmenssystem zuzugreifen. Flash wurde entwickelt und graphisch ansprechende und interaktive Webanwendungen zu entwickeln. Hier hat man mit der Sprache Lingo auch eine Möglichkeit Algorithmen zu schreiben, allerdings sind diese in ihrer Mächtigkeit beschränkt. Gebrauch wird hier allerdings auch ein Plugin für den Browser, das mehrere MByte gross ist.

Das zweite Lager findet sich im Bereich von JAVA. Diese Sprache bietet eine hohe Plattformunabhängigkeit (falls auch so programmiert!) und durch die Objektorientierung eine leicht erweiterbar. Der Nachteil liegt darin, dass für das Ausführen von höheren graphischen Anwendungen im Web (Applets) ein Plugin gebraucht wird und man dieses erst installieren muss. Zwar kann man den automatischen Download Installation beim Fehlen veranlassen, doch bei einer langsamen Verbindung ist das sicherlich recht nervend. Wenn man erst das Plugin installiert hat, stehen dem Anwender keine Grenzen mehr im Weg. Durch eine gelungene Softwarelösung kann man dem Anwender eine hohe Machtbefugnis in die Hände geben, wie das Konfigurieren und Administrieren und das Vernetzen mit Unternehmens-Workflows. Durch die hohe sicherheitsbewusste Architektur von Java kann man diese Anwendungen für den Anwender auch sehr sicher entwickeln.

Ein drittes, kleines Lager gibt es, nämlich die Möglichkeit solche Anwendungen über ActiveX Steuerelemente zu entwickeln. Diese Basieren auf die Architektur von Microsoft. Allerdings sind diese nicht plattformunabhängig, haben eine unsichere Architektur und brauchen ebenfalls Plugins. Eine solche Lösung sollte nur unter bestimmten Voraussetzungen verwendet werden.

Als einen regionalen Hersteller von solchen Konfigurationssystemen kann man ec-logic [1] nennen. Diese Firma hat sich auf elektronic commerce Konfigurationssysteme spezialisiert. Diese werden in den Bereichen Möbel, Autos, Finance und sonstige Produkte eingesetzt. Die Systeme sind hauptsächlich in ASP [2], C++ und Java entwickelt. Die ASP und C++ Bindung liefert einen entscheidenden Nachteil, dass diese Systeme später nur auf Windows Plattformen lauffähig sind. Da aber alle ernsthaften Plattformen auf Linux oder Unix laufen, geht die Entwicklung in Richtung unabhängige Systeme auf Basis von JSP[3] und Java. Die Systeme sind technologisch anspruchsvoll gestaltet. Die Systeme haben 3D Sichten und fortgeschrittene Konfigurationsmöglichkeiten. Dies hat allerdings seinen Preis, die Systeme sind hauptsächlich für größere Unternehmen geeignet und sie sind ebenfalls recht gross, so dass der Normalanwender doch mehrere Minuten für das Laden rechnen muss.

Mein Gedanke war es eine Softwarelösung zu entwickeln, die recht klein ist, die nötigen Visualisierungseffekte erfüllt, flexibel im Ausbau ist und die nötige Konfiguration der Produkte zulässt.

Im erstem Schritt hat sich die Frage der Programmiersprache bzw. der Plattform gestellt. Hier gab es folgende Möglichkeiten: ASP, JSP, Perl, Java oder Flash. Entschieden habe ich mich für eine Kombination von JSP und Java AWT/Swing. Die Entscheidung beruht darauf, dass es eine begrenzte Zeit gab in der der Prototyp entwickelt werden sollte. Deshalb habe ich mich nicht auf eine vollständige Applet/Swing Lösung entschieden. Die Applikation sollte recht klein sein, d.h. viele Operationen sollten Serverseitig abgearbeitet werden, damit der Anwender nicht so viel runterladen muss. Dieses Argument hat die Entscheidung für JSP bestärkt. Ein weiteres Argument war, dass die Anwendung einfach erweiterbar sein soll, aus dem Grund habe ich für JSP das MVC-Framework Struts von der Apache Group verwendet. Das Struts Framework ermöglicht es die Kapselung von Models (Datenspeicherobjekten), der darstellenden Komponente und der ei-

---

[1]http://www.ec-logic.com
[2]Active Server Pages von Microsoft
[3]Java Server Pages von Sun

gentlichen Geschäftslogik. So hat sich herauskristallisiert, dass die Anwendung hauptsächlich in JSP auf Struts laufen soll. Ein besonderes Konfigurationsmanagement ist im Prototypen nicht vorhanden, lässt sich aber einfach mit einbinden, da die Applikation den Frameworkvorgaben gehorcht. Ein Konfigurationspunkt wäre z.b. das Interface, welche Datenquelle für die Bilder und Beschreibungen einschließlich der Preis genommen werden muss. Möglichkeiten gäbe es: Dateisystem im Webapp, XML, oder eine relationale Datenbank. Für die Implementierung so eines Konfigurationsservers würde sich am Besten eine XML Basis empfehlen.

Im Prototypen ist aus Gründen der Portabilität und dem Motto 'tailored to the needs' die Dateisystemlösung vorhanden.

Mein Prototyp ist auf die Konfiguration von Bürodrehstühlen ausgelegt. Dies lässt sich allerdings sehr einfach auf andere Produkte umstellen. Beim Starten der Anwendung muss der Anwender erst einige Fragen beantworten, damit eine Vorselektierung der Komponenten möglich ist. Dies sind Fragen zu seinem Geschlecht und zu seiner körperlichen Verfassung (Gewicht,...). So wird es möglich die Auswahl einzuschränken und dem Kunden wirklich nur die z.B. die Sitze für sein Geschlecht, oder Unisex anzubieten. Wenn er die Fragen beantwortet hat wird der eigentliche Konfigurator gestartet. Dieser besteht aus vier Frames. Im linken Frame hat der Kunde die Auswahlmöglichkeit der Komponenten z.B. Sitze, Lehnen, Rollen, usw. Je nach dem, welche Hauptgruppe dieser auswählt bekommt er die entsprechenden Bilder präsentiert. D.h. wählt der Anwender die Kategorie Sitz aus, bekommt er alle Sitze, die für ihn in Frage kommen im selben Frame zur Auswahl. Im mittlerem Frame läuft ein Applet, das für die Visualisierung zuständig ist. Am Anfang sieht man in dem Applet nur eine grau hinterlegte Fläche, die der fertig konfigurierte Stuhl einnimmt. Wenn der Kunde eine Komponente auswählt, wird das Applet neu gestartet (besser wäre ein repaint) und durch das Übereinander legen der Bilder und eine Alphalevel-Transformation ein neues Bild des Produktes erzeugt. Dieses hat den grauen Hintergrund der Komponenten, die noch nicht ausgewählt wurden und die Komponenten, die ausgewählt wurden sind in der entsprechenden Form und Farbe. Gleichzeitig wird im rechtem Frame noch die Rechnung aktualisiert, da jede Komponente einen anderen Preis hat. Parallel dazu wird im unterem Frame eine Beschreibung der Komponente angezeigt. Wenn der Kunde sein Produkt fertigkonfiguriert hat, kann er im rechten Frame den Button klicken und er bekommt die Bestellanforderung auf einer neuen Seite. Hier kommen dann die kundenspezifischen Angaben, wie Porto etc. Nachdem er auch dieses bestätigt hat, wird die Bestellung in die Datenbank geschrieben, eine Bestellemail dem Hersteller zugeschickt und ebenfalls eine Bestätigungsemail an den Kunden abgeschickt. Damit wäre der Workflow für den Konfigurator beendet.